ANÁLISE PESTLE

Compreender e planear o seu ambiente de negócios

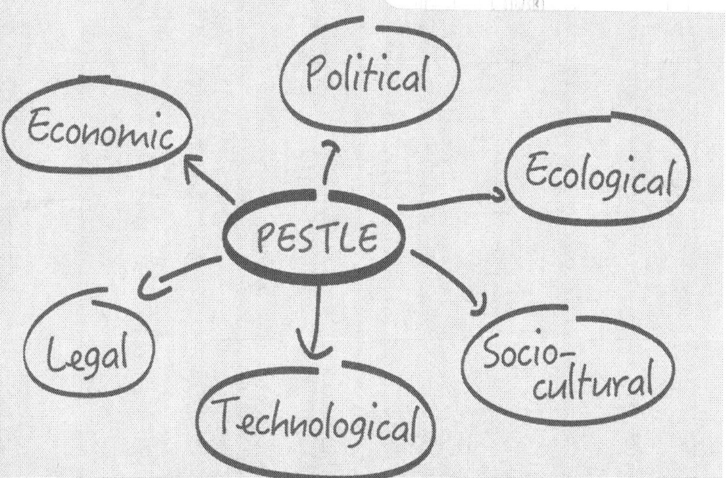

ANÁLISE PESTLE

Compreender e planear o seu ambiente de negócios

escrito por Thomas del Marmol
traduzido por Alva Silva

ANÁLISE PESTLE

PONTOS-CHAVE

- **Nomes:** Análise PESTLE, Análise PESTEL, Estrutura PESTLE.

- **Utilizações:** a análise PESTLE permite a um gestor identificar os fatores-chave no âmbito macroeconômico, que podem ter influência no desenvolvimento futuro do negócio.

- **Por que é bem-sucedido?** A identificação de futuras variáveis macroeconômicas que possam ser de interesse e a construção de diferentes cenários, permitem ao gestor antecipar melhor as decisões estratégicas necessárias para assegurar o desenvolvimento e sustentabilidade adequados do negócio.

- **Palavras-chave:**

  - <u>Vantagem competitiva</u>: um trunfo que permite a uma organização destacar-se positivamente e ficar à frente dos seus concorrentes em um determinado setor.

  - <u>Estratégia competitiva</u>: metodologia implementada com o objetivo de maximizar o sucesso da empresa através da inovação e de maiores vantagens do que as da concorrência.

- Situação econômica: a posição global de uma entidade, determinada por todos os seus elementos políticos, econômicos e sociais.

- Variável de pivô: um elemento de importância crucial, que pode influenciar grandemente o desenvolvimento da empresa.

- Cenário: a provável projeção teórica para um futuro próximo ou distante.

A EMPRESA E O SEU AMBIENTE

Caracterizada por um ambiente em constante mudança, a nossa sociedade atual difere em muitos aspectos do que era antes. A adaptação ao ambiente em mudança e competitividade tornou-se, agora, uma necessidade para qualquer gestor que queira manter os seus negócios em funcionamento e ajudá-los a prosperar nos próximos anos. O ambiente (dimensão macroeconômica) provou ser, de fato, uma fonte de oportunidades e ameaças para qualquer empresa no mercado, independentemente da sua indústria ou setor.

Por conseguinte, uma antecipação confirmada do fenômeno macroeconômico *lambda* proporcionará em breve uma vantagem competitiva direta ao gestor, se isto lhe permitir reagir de forma eficaz perante os seus concorrentes. Por outro lado, se um gestor subestimar um acontecimento importante no mercado, rapidamente se encontrará lutando contra concorrentes cujas previsões são mais completas, pois terão que enfrentar as suas estratégias competitivas e agressivas. Por exemplo, as empresas que não anteciparam a expansão e as oportunidades oferecidas pela internet a tempo tiveram dificuldades na virada do milênio.

Como a capacidade de prever certos acontecimentos futuros parece ser a chave para o sucesso, o bom desenvolvimento e mesmo, em alguns casos, a sobrevivência de uma empresa, há sempre pessoas que afirmam, após uma mudança no ambiente, que os indicadores estavam inevitavelmente indo nessa direção de qualquer forma. No entanto, antecipar estes indicadores está longe de ser fácil, e ninguém tem uma bola de cristal para prever o futuro.

É neste contexto de incerteza que surgiu a análise PESTLE, com o objetivo de identificar e analisar a variável macroeconômica relevante para uma organização em um ambiente específico.

DEFINIÇÃO DO MODELO

A análise recebeu o nome PESTLE em referência à sigla formada pelas iniciais das seis categorias de variáveis macroeconômicas incluídas no modelo (Política, Econômica, Sociocultural, Tecnológica, Jurídica e Ambiental). Em primeiro lugar, o modelo permite aos gestores identificar as variáveis macroeconômicas levando em consideração para o desenvolvimento do negócio (oportunidades versus riscos potenciais), cuja probabilidade é ainda relativamente incerta. Depois, o modelo pode ajudar o gestor a começar a conceitualizar diferentes cenários com base nestas variáveis incertas para melhor prever o que pode acontecer e tomar as decisões certas agora para o futuro.

 O QUE É O MACROAMBIENTE?

O ambiente de uma organização pode ser dividido em três camadas distintas:

- concorrentes e o mercado;

- indústria (ou seja, o setor empresarial);

- o macroambiente, a camada de nível mais elevado, que consiste em amplos fatores ambientais que têm um impacto maior ou menor em quase todas as organizações (Johnson et al., 2008).

TEORIA

CONTEXTO E CONCEITO

A origem da análise PESTLE continua a ser relativamente pouco clara. Contudo, alguns autores concordam que os primeiros vestígios do seu aparecimento podem ser encontrados no livro de Francis J. Aguilar, *Scanning the Business Environment* (1967). Nessa altura, o modelo chamava-se análise PEST, que corresponde às categorias iniciais de variáveis macroeconômicas: política, econômica, sociocultural e tecnológica.

Foi utilizado e aperfeiçoado durante os anos 70 e 80 por vários autores notáveis: Liam Fahey (diretor da organização de consultoria *Leadership Forum Inc.* e professor de gestão na *Boston College*), Vadake K. Narayanan (professor de gestão na Universidade *Drexel*) e Arnold Brown (diretor de projetos de consultoria) para citar apenas alguns. Destes diferentes trabalhos, surgiram várias extensões do modelo inicial sob os nomes de análise PEST, SLEPT ou STEEPLE. No final, as variáveis adicionais de 'legal' e 'ambiental' foram mantidas, resultando no modelo PESTLE, que é o mais amplamente aceito atualmente. Contudo, nota-se que alguns preferem combinar os aspectos 'políticos' e 'legais' sob o termo único 'politicamente legal', criando a sigla PESTE.

A coleção de variáveis

Uma vez que este é um modelo popular e regularmente utilizado, tanto para completar planos de negócios, estratégias de produção ou marketing como para lançar novos projetos (por exemplo, ao desenvolver um novo produto em um mercado em que a empresa ainda não tenha entrado), a abordagem deve ser específica.

O principal objetivo da análise PESTLE é a identificação de alterações macroeconômicas inevitáveis que possam ter um impacto significativo no desenvolvimento de uma empresa (em termos dos seus produtos, da sua marca ou mesmo de toda a sua organização). Por conseguinte, não se trata de realizar um estudo abrangente do ambiente externo: a análise aprofundada das variáveis macroeconômicas só é relevante em relação a uma empresa específica, para que esta possa antecipar as mudanças susceptíveis de ocorrer na sua escala.

De fato, de todos os acontecimentos macroeconômicos que irão ocorrer nos próximos anos, apenas alguns deles irão exercer uma influência real sobre a evolução da empresa. Por conseguinte, é de responsabilidade do gestor distinguir entre as variáveis que podem afetar direta ou indiretamente a organização e aquelas que apenas terão um impacto menor na sua sustentabilidade. Assim, um executivo à frente de uma companhia petrolífera não reagirá às recentes descobertas sobre as contribuições de gás xisto da mesma forma que um executivo de uma companhia de navegação, ou o proprietário de uma loja de sanduíches!

As variáveis macroeconômicas são classificadas em seis categorias distintas, embora relativamente interdependentes.

Fig. 2 – As 6 variáveis da análise PESTLE

- **Variáveis políticas.** As tendências políticas em um país (pressão do governo, política monetária etc.) influenciam significativamente a empresa que opta por ali se instalar: as autoridades públicas estabelecidas tomam cada vez mais decisões que podem ter um impacto direto nas operações diárias e nas perspectivas dos aspectos financeiros (interesses nocionais etc.) e sociais (assistência ao emprego, subsídios etc.) de uma empresa. Outros elementos, como o conflito, o nível de corrupção ou o grau de intervenção do Estado, também devem ser considerados. Além disso, um empresário que lança um negócio comercial em um país com conflitos governamentais perpétuos deve assegurar-se de que estes respondem às necessidades dos habitantes indígenas, que serão diferentes dos que vivem em um país com estabilidade e paz. Nota-se também que existem organizações como a Comissão Europeia e a Organização Mundial do Comércio (OMC) que regem as políticas comerciais internacionais.

- **Variáveis econômicas.** Embora seja praticamente impossível para uma empresa alterar a situação econômica, ela pode definitivamente fazer preparativos para lidar melhor com as flutuações. Observar a evolução do PIB de um país, as suas taxas de impostos e o crescimento do poder de compra dos habitantes será crucial para possuir todos os fatores necessários para a tomada de decisões de gestão. O sucesso econômico de uma empresa envolve também a observação de figuras-chave relevantes para o setor e a análise das tendências dos consumidores. Assim, a antecipação de uma diminuição significativa do poder de compra permite à empresa adaptar a sua estratégia global para minimizar as perdas.

- **Variáveis socioculturais.** Conhecer as características de uma população (demografia, distribuição etária etc.) a fim de compreender o seu comportamento de compra é essencial para a conquista de um mercado. Além disso, a história (raízes e tradições), bem como as influências religiosas e socioculturais (moda, meios de comunicação etc.) permitem à empresa refinar a sua análise das necessidades específicas dos indivíduos envolvidos. Por exemplo, os nacionais dos países mediterrânicos desenvolvem necessidades diferentes em muitos aspectos das dos seus homólogos nos países bálticos devido à sua cultura, ao clima em que vivem ou à sua religião.

- **Variáveis tecnológicas.** Atualmente, muitos especialistas trabalham em todos os cantos do planeta, procurando revolucionar os processos existentes. Embora algumas destas descobertas não sejam susceptíveis de influenciar o mercado-alvo, outras têm o potencial de derrubar completamente a norma. A revolução da internet foi uma surpresa para muitos gestores, e aqueles que anteciparam a sua crescente utilização ganharam uma vantagem competitiva significativa. Por conseguinte, parece natural investigar as práticas de P&D (pesquisa e desenvolvimento) e inovação no campo escolhido (atividade principal) da empresa. A reavaliação contínua do produto, bem como dos processos envolvidos na sua preparação e aquisição pelo cliente, é a chave para uma observação tecnológica bem-sucedida.

- **Variáveis legais.** Manter-se informado dos regulamentos (leis laborais, leis comerciais etc.) no país onde a empresa está ou irá estar localizada – uma vez que a legislação varia de um local para outro – é, agora, uma das melhores formas de proteger a empresa de possíveis ataques legais e de agir da melhor forma possível dentro das restrições legais. Por exemplo, os regulamentos relativos ao porte de armas não são os mesmos em todos os países, e qualquer comerciante astuto que deseje envolver-se neste setor adaptará rapidamente a sua comunicação e distribuição de acordo com a legislação em vigor no país em questão. Os incentivos fiscais podem também levar um gestor bem-informado a inclinar-se para alguns países e não para outros.

- **Variáveis ambientais.** O século XXI é uma continuação do século XIX, posicionando o ambiente e o desenvolvimento sustentável no centro dos debates mais do que nunca. As preocupantes alterações climáticas, o aumento constante da poluição, a separação de resíduos que varia de país para país etc.: atualmente, estes aspectos interessam e preocupam cada vez mais pessoas e aqueles que as lideram.

Esta preocupação tem, por vezes, um impacto direto sobre o mundo comercial. O controle da utilização de energia ou dos níveis de poluição são dois exemplos das muitas medidas tomadas pelas autoridades regionais, nacionais e/ou internacionais. Estas podem influenciar o curso das operações de uma organização. Entretanto, são criados novos mercados: por exemplo, no caso dos produtos orgânicos.

O quadro abaixo mostra um resumo das principais variáveis macroeconômicas para cada categoria identificada. Esta lista não exaustiva deve ser completada de acordo com o setor empresarial e países específicos de cada empresa.

Identificação de variáveis de pivô

A principal dificuldade do exercício reside na identificação das variáveis relevantes em relação a uma empresa específica. O risco, se a triagem não for bem-feita, termina com tanta informação que não se pode prestar a devida atenção a cada uma delas, perdendo-se, assim, oportunidades ou ameaças iminentes. Por conseguinte, é essencial identificar as variáveis de pivô a fim de melhor compreender os eventos cruciais que se aproximam da empresa.

As variáveis de pivô são "os fatores que podem afetar significativamente a estrutura de uma indústria ou de um mercado" (Johnson et al., 2008: 64). Estas variáveis são consequentemente diferentes de acordo com o tipo de indústria e mercado - embora alguns argumentem que todas as empresas enfrentam as mesmas ameaças, uma vez que a globalização dos mercados continua crescendo e os organismos que regem o comércio internacional estão constantemente sendo criados. Além disso, variam ao longo do tempo, o que leva a um questionamento perpétuo dos dados utilizados. Seja ao nível dos gostos dos consumidores ou da situação econômica, trabalhar em um ambiente volátil obriga o gestor a consultar ou solicitar regularmente estudos de mercado ou a "ir ao terreno" para verificar a relevância destas variáveis.

Construção de cenários

Uma vez recolhidos, identificados e classificados os dados, com base nas variáveis de pivô, de acordo com a sua probabilidade e impacto potencial, o gestor terá que construir cenários. Estes representam possíveis alternativas para o futuro da empresa. Por exemplo, uma das variáveis de pivô do setor imobiliário está diretamente ligada às taxas hipotecárias, permitindo aos indivíduos fazer os seus investimentos. Neste caso, o chefe de uma empresa de construção irá imaginar cenários diferentes: um em que a taxa aumenta ligeiramente, um segundo em que diminui fortemente, um terceiro em que estagna etc.

VANTAGENS DE UTILIZAR O MODELO PESTLE

Embora a análise PESTLE não pretenda prever o que o futuro reserva, revela-se útil para iniciar discussões proativas e construtivas sobre o futuro da empresa.

A utilização apropriada desta ferramenta permite detectar potenciais oportunidades e ameaças para a empresa, o que pode rapidamente transformar-se em uma vantagem competitiva significativa. O modelo PESTLE favorece uma visão abrangente, a oportunidade de dar um passo atrás e uma certa flexibilidade.

A utilização de cenários é particularmente útil quando existe um baixo número de variáveis de pivô com um elevado grau de incerteza. Estas podem conduzir a dois futuros radicalmente diferentes para a empresa e cabe ao gestor identificar corretamente as respostas a cada uma delas e, sobretudo, a sua potencial contribuição para o desempenho da empresa. Dependendo dos diferentes cenários descritos, é possível antecipar as reações ideais no caso de qualquer um deles se materializar. Também faz sentido quantificar a probabilidade de ocorrência de cada cenário, a fim de preparar antecipadamente os elementos necessários para o sucesso da empresa no cenário mais provável.

Uma vez identificados os diferentes cenários, cabe ao gestor e aos seus consultores analisar minuciosamente cada um deles, para avaliar a probabilidade da sua materialização e o impacto direto que isso teria na empresa.

APLICAÇÃO PRÁTICA

CONSELHOS E DICAS DE OURO

Ordenação e desenvolvimento da informação

Às vezes, o levantamento de dados macroeconômicos envolve a inclusão de informação que nem sempre é completamente fiável. Por conseguinte, é fortemente aconselhado que o gestor teste imediatamente a sua verdade de base a fim de verificar se o mesmo está correto. Neste caso, é também essencial comparar constantemente a informação recolhida com os novos dados de mercado.

No que se diz respeito à classificação sugerida acima, parece que muitas variáveis são interdependentes. De fato, a introdução de um imposto sobre a poluição diz respeito tanto aos aspectos jurídicos como ambientais. Do mesmo modo, o aparecimento de novas tecnologias pode afetar certos aspectos econômicos e socioculturais de um país. Assim, mesmo que a classificação sugerida seja útil para o gestor – que é obrigado a ordenar entre as variáveis – não precisa ser aplicada sistematicamente em todos os pormenores. Deste modo, a importância de classificar as variáveis em uma ou outra categoria é relativa: por exemplo, gastar horas decidindo se a política fiscal de um país está mais relacionada com as categorias política, econômica ou jurídica não tem grande interesse. Como se trata, principalmente, de um método estruturado de enumerar as várias influências macroeconômicas na empresa, o verdadeiro desafio reside em identificar a relevância destes dados e o seu potencial impacto sobre a organização. Para facilitar a classificação da informação, também pode ser útil fazer comparações com eventos passados que tenham tido impacto no setor.

A construção de cenários proporciona uma visão abrangente de possíveis situações futuras, mas não deve ser realizada de forma muito específica em qualquer caso: a análise PESTLE não tenta ditar orientações específicas, mas sim iniciar discussões sobre as possíveis decisões estratégicas a tomar no caso de uma situação descrita em um dos cenários se materializar. Geralmente, é aconselhável escolher um número par de cenários (dois ou quatro) a fim de evitar a tentação de favorecer o cenário intermediário.

Aplicações

Há muitas vezes e situações em que uma análise PESTLE é apropriada, conforme a seguir descritas.

- **O lançamento de um novo negócio. A** criação de um plano de negócios, necessário para convencer os acionistas a investir na empresa, requer a utilização de ferramentas estratégicas para demonstrar uma análise exaustiva do mercado e do seu apelo ao consumidor. Neste contexto, a análise PESTLE pode provar aos investidores que o ambiente macroeconômico é favorável ao desenvolvimento de uma empresa no mercado, ou, se não for este o caso, pelo menos chamar a sua atenção para o fato de que a empresa está ciente das variáveis de risco e que existe uma forma de as compensar.

- **O desenvolvimento de novos produtos ou o lançamento de novos projetos.** Da mesma forma, a análise PESTLE permite ao gestor avaliar se o ambiente está pronto para acolher um novo produto no mercado. A decisão de empreender um novo projeto pode também ser objeto de uma análise detalhada.

- **Reavaliação da organização da empresa.** As escolhas feitas durante a criação da empresa podem tornar-se rapidamente obsoletas face à constante evolução da maioria dos mercados. De fato, os gostos da população podem mudar rapidamente, as condições econômicas flutuam, surgem novas tecnologias etc. A estratégia da empresa deve ser continuamente reavaliada, fazendo atualizações regulares da análise PESTLE e outras ferramentas de diagnóstico, para incluir eventos recentes.

- **O processo de tomada de decisão da estratégia de marketing.** O conhecimento das variáveis macroeconômicas de um setor, particularmente a nível sociocultural, pode ser crucial para uma comunicação adequada com o seu público. Quais são as normas culturais da região? Qual é a história do país? Estas questões ajudarão a evitar erros dispendiosos em termos de tempo e dinheiro para a empresa que pretende ver o seu produto adotado por uma parte da população.

Extrapolação

As variáveis recolhidas serão interpretadas de diferentes maneiras, dependendo da experiência e dos antecedentes das pessoas que as analisam. Um economista não perceberá as implicações de uma mudança no governo da mesma forma que um advogado ou sociólogo.

Uma vez que a interação dos peritos permite uma antecipação ótima das implicações de uma variável recentemente identificada, torna-se essencial trabalhar com as pessoas certas.

Análise do setor

O trabalho preparatório realizado utilizando a análise PESTLE ajuda o gestor a tomar as decisões relevantes no local, aquelas que irão assegurar a sustentabilidade da empresa. Terão um impacto direto e indireto nos processos bem como no trabalho de todos os membros da organização.

Por conseguinte, as decisões tomadas no âmbito da análise PESTLE devem ser compartilhadas com toda a organização, a fim de reunir a equipe em torno de uma visão comum, que seja compreendida e assumida por todos. O apoio de toda a organização é, talvez, uma das principais chaves para o sucesso das decisões decorrentes da análise PESTLE. A implementação das decisões tomadas em relação à vida empresarial diária será facilitada.

ESTUDO DE CASO

Grupo dos Correios Belgas (bpost)

Em 1790, os correios municipais foram criados na Bélgica. As suas atividades desenvolveram-se continuamente até se tornar a empresa de correios que conhecemos hoje. Embora a reforma de 1963, que exigia que cada casa tivesse uma caixa postal, tenha dado um verdadeiro impulso ao desenvolvimento dos correios regulares, a empresa tem enfrentado novos desafios desde o início dos anos 2000. O aparecimento de novos meios de comunicação e a utilização cada vez mais popular da internet alteraram um pouco a situação em um setor onde outrora o papel dominava. Além disso, enquanto o bpost monopolizou o mercado dos correios no passado, a concorrência expandiu em 2011, abalando mais uma vez os modos operacionais a que o bpost estava habituado.

Foi neste contexto perturbado que a empresa decidiu lançar um novo serviço em 2013: o *Shop and Deliver* ou '*bpost by appointment*', que visa entregar as compras nas casas dos clientes de acordo com as encomendas colocadas previamente no seu site. Para tal, o objetivo da empresa é formar parcerias com comerciantes já estabelecidos no mercado, a fim de satisfazer o número máximo de pessoas. A bpost constrói, assim, a sua atual relação de confiança a longo prazo com os seus intervenientes: por um lado, a empresa oferece um meio aos vendedores, muito semelhante a uma plataforma de comércio eletrônico, permitindo-lhes chegar às pessoas que fazem as suas compras online e, por outro lado, os clientes de correio postal se beneficiam de um serviço de entrega a domicílio das suas compras nos dias de semana entre 17h e 21h. Os usuários podem selecionar os seus produtos na internet, escolher um local de entrega e um horário pelo preço único de 9,95 euros por encomenda.

A análise PESTLE concluída

Como discutido acima, ao decidir lançar um novo projeto, pode ser sensato utilizar a análise PESTLE com o intuito de compreender plenamente os aspectos internos e externos das futuras variáveis macroeconômicas. Neste caso, as variáveis relevantes selecionadas para esta análise referem-se ao lançamento do projeto *Shop and Deliver* que o bpost pretende implementar.

Construção de cenários

Uma vez identificadas as variáveis desconhecidas, o gestor construirá diferentes cenários para antecipar a evolução provável destas variáveis e o seu impacto na empresa. Dado o elevado número de variáveis recolhidas para este estudo de caso, vamos nos concentrar na construção de quatro cenários para as variáveis socioculturais.

O sucesso do projeto depende tanto da aceitação do serviço pelo público em geral quanto da expansão das vendas através do comércio eletrônico. O cumprimento destas duas condições baseia-se em uma série de aspectos incalculáveis, razão pela qual é essencial construir cenários diferentes. O diagrama abaixo mostra os diferentes cenários de evolução para a empresa com base na materialização das variáveis.

Doravante, a empresa pode prever todas as eventualidades: o gestor deve, então, estar preparado para responder da melhor forma possível a cada cenário e fornecer soluções à medida, no caso de ocorrer um.

Conclusão

- Por fim, embora a bpost continua sendo uma empresa majoritariamente propriedade do Estado belga, ao longo dos anos ganhou uma independência crescente, de modo a não precisar mais de recursos públicos, o que a encoraja totalmente a tornar-se altamente competitiva.

- A sua atividade principal sofre de uma má imagem, bem como de uma menor atividade devido a muitos fatores adversos. Tem todo o interesse em utilizar as proezas tecnológicas e a sua rentabilidade (17,96% de margem EBIT normalizada em 2013) para operar uma série de diversificações estratégicas, incluindo o *Shop and Deliver*, para se preparar para as mudanças de estilo de vida dos consumidores que utilizam cada vez mais o comércio eletrônico para fazer as suas compras.

- A atividade *Shop and Deliver* da empresa proporcionará rendimentos adicionais, permitindo-lhe diversificar as suas fontes de lucro. A proposta do projeto foi aprovada pela direção: atualmente em fase de desenvolvimento, será devidamente lançada nos próximos meses. Só o tempo dirá se este projeto resulta em um sucesso ou em um fracasso sombrio.

- Embora a utilização da análise PESTLE seja, de fato, relevante neste caso, ela continua sendo insuficiente. Certamente, esta análise deve ser complementada por uma extensa investigação sobre os pontos fortes e fracos da empresa, com o intuito de identificar os seus principais ativos na sua busca de integração no seu ambiente e rentabilidade: ameaças e oportunidades (análise SWOT), bem como a abertura do mercado à concorrência (a análise das cinco (+1) forças de Porter) devem ser devidamente consideradas, a fim de evitar ignorar quaisquer aspectos, visando obter as melhores previsões possíveis.

IMPACTO

LIMITAÇÕES E CRÍTICAS

Embora o modelo seja muito popular entre os gestores empresariais, a análise PESTLE, como qualquer outro modelo estratégico, tem, no entanto, as suas limitações. Podemos analisá-las abaixo.

- **Visão global relativa.** Uma das principais limitações é, na realidade, o resultado de um dos benefícios mais populares do modelo: desejando cobrir um amplo espectro de variáveis macroeconômicas, o gestor pode rapidamente ver-se sobrecarregado pela quantidade de informação com que, inevitavelmente, se vê confrontado. De fato, existe uma enorme diferença entre salientar a importância de classificar as variáveis macroeconômicas relevantes e fazê-lo na prática. A certa altura, todas as variáveis parecem importantes e o número de cenários a construir é tão elevado que o próprio Steve Jobs teria dificuldade em tirar conclusões relevantes! Ser competente nem sempre é suficiente para identificar as variáveis de pivô. Às vezes, é necessário ter boa intuição e questioná-la: por exemplo, rodear-se de uma equipe multidisciplinar capaz de desenvolver uma inteligência coletiva e contar com uma boa dose de sorte. No entanto, a sorte pode ser influenciada por um trabalho rigoroso e uma análise tão ampla quanto possível.

- **Cenários pouco fiáveis.** As situações são, muitas vezes, diferentes na prática, por oposição à teoria, e o que é previsto nem sempre coincide com a realidade. Deste ângulo, a ferramenta parece útil, mas não possui qualquer fiabilidade concreta.

- **Falta de objetividade.** Observou-se que muitos gestores optam por implementar três cenários distintos para uma variável de pivô: um cenário otimista, um cenário pessimista e um cenário intermediário. Embora esta táctica dê ao gestor a impressão de que está sendo tão objetivo quanto possível ao desenvolver uma estratégia, na realidade, isto obriga-o, frequentemente, a ignorar os outros dois cenários em favor do cenário intermediário. E qual é a utilidade na construção de vários cenários se, em última análise, estamos apenas preocupados com um deles?

- **Impacto que é impossível de quantificar.** Finalmente, ter consciência de que embora seja possível determinar as grandes mudanças macroeconômicas que poderiam afetar o mercado utilizando este modelo, o impacto específico destas variáveis no setor continua sendo difícil de julgar e ainda mais difícil de quantificar.

MODELOS E EXTENSÕES RELACIONADAS

Como a análise PESTLE diz respeito apenas a um dos três níveis do ambiente da organização, uma análise baseada apenas nas suas variáveis não pode ser considerada relevante para o desenvolvimento de uma estratégia para a empresa.

Embora pareça interessante no início (para identificar as principais tendências no macroambiente), o diagnóstico PESTLE deve ser complementado por outros instrumentos que estudem o ambiente próximo da organização, ou seja, o seu macroambiente: indústria, concorrentes diretos, e assim por diante. Mais tarde, a análise das cinco (+1) forças de Porter e a análise SWOT completam a reflexão sobre a estratégia da empresa.

Análise das cinco (+1) forças de Porter

Desenvolvido pelo professor americano Michael Porter em 1979, as cinco (+1) forças de análise permitem-nos observar a atratividade de uma indústria e identificar os seus comportamentos competitivos. O modelo é baseado no conceito de vantagem competitiva. Por conseguinte, cabe ao gestor observar as principais forças competitivas da indústria para compreender e avaliar melhor o poder de cada um dos concorrentes atuais e potenciais.

👁 O QUE É A VANTAGEM COMPETITIVA?

O conceito de vantagem competitiva baseia-se em "todas as características ou atributos detidos por um produto ou marca que lhe conferem uma certa superioridade sobre os seus concorrentes imediatos". Estas características ou atributos podem ser de natureza variada e dizer respeito ao próprio produto

Estas forças representam:

- o poder de negociação dos fornecedores;

- o poder de negociação dos clientes;

- a ameaça de novos participantes;

- a ameaça de produtos substitutos;

- a rivalidade entre os concorrentes;

- o papel do Estado (posteriormente incluído).

A tarefa de avaliar as forças relevantes cabe ao gestor: o objetivo é determinar a atratividade atual e futura do setor, ou seja, as perspectivas de desenvolvimento e o desempenho dos seus negócios. Geralmente, a análise das cinco forças (+1) de Porter é concluída, identificando os fatores-chave de sucesso que permitem um desenvolvimento ótimo da empresa.

Análise SWOT

Desenvolvida nos anos 60 por vários professores da Escola de Economia de Harvard, a análise SWOT visa tirar as principais conclusões de fatores de interesse relacionados com as características e ambiente da empresa. O nome do modelo é o resultado da sigla formada pelas palavras 'Forças', 'Fraquezas', 'Oportunidades' e 'Ameaças'. Assim, é da responsabilidade do decisor identificar os principais pontos fortes e fracos da empresa e estar consciente das oportunidades e ameaças que o setor enfrenta.

O interesse na análise SWOT reside mais nas suas conclusões do que na listagem das características do negócio e do setor. Para o gestor, as conclusões serão quaisquer pontos de interesse e pontos de reflexão que permitam o desenvolvimento de uma estratégia adaptada à empresa, tanto no que diz respeito ao seu ambiente interno quanto externo.

A CONVERGÊNCIA DOS MODELOS

Um gestor experiente compreenderá rapidamente os benefícios da utilização complementar destes modelos. Embora individualmente ainda possam ser úteis, é de fato através da intersecção e sobreposição de informação entre eles que as principais decisões estratégicas racionais podem ser formuladas.

A análise do ambiente segue várias fases durante as quais a implementação de certos modelos influenciará a construção de modelos posteriores. Embora a recolha de informação possa ser aborrecida, a análise do ambiente é essencial para qualquer empresa que deseje manter uma vantagem competitiva sustentável.

RESUMO

- Os primeiros vestígios da análise PESTLE apareceram em 1967 no livro *Scanning the Business Environment* do Professor Francis J. Aguilar, sob o nome de análise PEST. Estudada e desenvolvida por muitos autores, tornou-se mais tarde o modelo PESTLE tal como o conhecemos hoje.

- Os principais objetivos da análise PESTLE são a classificação das variáveis macroeconômicas em seis categorias – política, econômica, sociocultural, tecnológica, jurídica e ambiental – e dar um passo atrás, o que é necessário para antecipar e assegurar o futuro de uma empresa específica.

  - A observação destes dados permite-lhe compreender em que ambiente o negócio está evoluindo, ou evoluirá no futuro. Esta visão global e macroeconômica é válida para todas as empresas.

  - A principal dificuldade do modelo reside em ordenar as variáveis relevantes de acordo com o negócio em questão. O seu levantamento leva à identificação de variáveis de pivô que são consideradas como tendo uma influência crucial no desenvolvimento saudável da empresa, mas cuja probabilidade é ainda incerta.

  - Quer seja utilizada imediatamente antes do lançamento de uma nova empresa, para lançar um novo produto ou projeto ou reorganizar uma empresa, ou quando confrontada com mudanças iminentes no ambiente, a análise PESTLE fornece informação significativa sobre as variáveis de pivô inerentes a uma dada situação. Assim, utilizando as suas observações, o executivo construirá uma série de cenários (de preferência um número par) com base na informação recolhida. O objetivo é antecipar melhor as situações futuras que a empresa irá provavelmente encontrar e fornecer soluções para garantir a sustentabilidade e o futuro da empresa.

- A análise PESTLE permite iniciar uma discussão proativa sobre o futuro da empresa, com base nas variáveis macroeconômicas previamente recolhidas.

- A sua utilização isolada é interessante, mas insuficiente. A análise das cinco (+1) forças de Porter e a análise SWOT podem ser uma ajuda útil na análise do ambiente empresarial (microambiente).

- O caso da empresa bpost demonstra a importância de analisar se o ambiente é favorável para o lançamento de um novo projeto quando a empresa se vê confrontada com um ambiente em mudança.

- Finalmente, é importante lembrar que a análise PESTLE é uma ferramenta valiosa, embora não possa prever com certeza o que o futuro nos reserva. No entanto, permite às empresas identificar as principais tendências, a fim de melhor preparar e defender a sua vantagem competitiva.

LEITURA ADICIONAL

BIBLIOGRAFIA

AWT. (2013) *L'e-commerce 2013 en Wallonie.* [Online]. [Acessado em 11 de maio de 2015]. Disponível em: <https://web.archive.org/web/20131202084750/http://www.awt.be/web/dem/index.aspx?page=dem,fr,b13,ent,050>

Bpost. (2013) *Relatório anual Bpost 2012.* Bruxelas: Bpost.

Curau, L. (2012) Avantages concurrentiels: les cinq forces de Porter. *Cafedelabourse.com.* [Online]. [Acessado em 11 de maio de 2015]. Disponível em: <https://www.cafedela-bourse.com/dossiers/article/avantages-concurrentiels--les-5-forces-de-porter#>

Dcosta, A. (2011) PESTLE Analysis History and Application. *Gestão de Projectos Bright Hub.* [Online]. Acessado em 11 de maio de 2015. Disponível em: <http://www.brighthubpm.com/project-planning/100279-pestle-analysis-history--and-application/>

Duguay, B. (2014) La capacité stratégique. *UQAM.*

Johnson, G., Scholes, K., Whittington, R. e Fréry, F. (2008) *Stratégique.* [8ª edição]. Paris: Pearson Education.

Kashi, K. e Dočkalíková, I. (2014) MCDM Methods in Practice: Determinação da Importância dos Critérios de Análise PESTEL. *Jornadas Internacionais de Estatística e Economia.* [Online]. Acessado em 11 de maio de 2015. Disponível em: <http://msed.vse.cz/msed_2014/article/362-Dockaliko-va-Iveta-paper.pdf>

Lambin, J-J. e de Moerloose, C. (2008) *Marketing stratégique et opérationnel. Du marketing à l'orientation de marché.* [7ª edição]. Paris: Dunod.

Lopez, F. (2011) L'analyse PESTEL. *Actinnovation.* [Online]. Acessado em 11 de maio de 2015. Disponível em: <http://www.actinnovation.com/innobox/outils-innovation/analyse-pestel>

Nadkarni, S. e Narayanan, V. K. (2007) Strategic Schemas, Strategic Flexibility, and Firm Performance: the Moderating Role of Industry Clockspeed. *Revista de Gestão Estratégica.* 28(3), pp. 243-270.

PESTLEAnalysis. (2014) *O que é a Análise de Pestle?* [Online]. Acessado em 11 de maio de 2015. Disponível em: < http://pestleanalysis.com/>

Porter, M. E. (2008) The Five Competitive Forces That Shape Strategy. *Harvard Business Review.* 86(1), pp. 25-40.

Post&Parcel. (2012) *Bpost prolonga os ensaios de entrega ao domicílio no mesmo dia.* [Online]. Acessado em 11 de maio de 2015. Disponível em: <http://postandparcel.info/52078/news/companies/bpost-extends-same-day-home-delivery-trials/>

Srivastava, R. K., Fahey, L. e Christensen, H. K. (2014) The resource-Based View and Marketing: O Papel dos Recursos Baseados no Mercado no Ganho de Vantagem Competitiva. *Journal of Management.* 27(6), pp. 777-802.

FONTES ADICIONAIS

Aguilar, F. J. (1967) *Scanning the Business Environment.* Nova Iorque: Macmillan.

Site do *bpost*. Disponível em: <http://www.bpost.be/site/fr/postgroup/index.html>

Site *Happycapital*. Disponível em: <http://www.happy-capital.com/>

Silva, N. (2012) Análise SWOT vs Análise PEST e Quando utilizá-los. *Createmente*. [Online]. Acessado em 11 de maio de 2015. Disponível em:<http://creately.com/blog/diagrams/swot-analysis-vs-pest-analysis/>

Walsh, P. R. (2005) Dealing With The Uncertainties of Environmental Change by Adding Scenario Planning to The Strategy Reformulation Equation. *Decisão de Gestão*. 43(1), pp. 113-122.

Yüksel, I. (2012) Desenvolver um Modelo Multi-Critérios de Tomada de Decisão para Análise PESTEL. *International Journal of Business and Management*. 7(24).

Queremos ouvir você!
Deixe um comentário sobre a sua biblioteca online
e compartilhe os seus livros favoritos nas redes sociais!

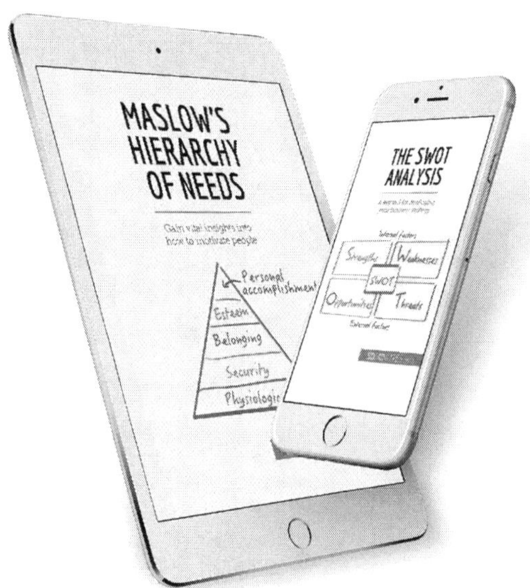

MASLOW'S HIERARCHY OF NEEDS
Gain vital insights into how to motivate people
Personal accomplishment
Esteem
Belonging
Security
Physiologic
THE SWOT ANALYSIS
Strengths
Weaknesses
SWOT
Opportunities
Threats

A editora assegura a fiabilidade da informação publicada, a qual, no entanto, não poderia assumir a sua responsabilidade.

Mestre ISBN: 9782808065573
Papel ISBN: 9782808065863
Depósito legal: D/2022/12603/115

Desenho digital: Primento,
o parceiro digital dos editores.